W0302560

OSHO

Von wegen Liebe!

Überraschendes für frisch Verliebte und lang Vermählte

Die Texte für dieses Buch sind Auszüge aus Transkripten aus verschiedenen Diskursen, die Osho vor einer internationalen Zuhörerschaft gehalten hat.
Osho Diskurse auf Audios und das vollständige Text-Archiv finden sie unter der online Bibliothek „Osho Library" bei www.osho.com

Originalausgabe
1. Auflage 2005
Übersetzung: Prem Nirvano
Gestaltung: Bunda S. Watermeier

Copyright © 2005 Osho International Foundation - www.osho.com
All Rights Reserved
OSHO® is a registered trademark of Osho International Foundation, Schweiz, used under license
Copyright © 2004 Edition Osho in der Innenwelt Verlag GmbH, Köln
Alle Rechte vorbehalten

Druck: Graphicom Group
Printed in Italy

ISBN 3-936360-77-4

innenwelt verlag

Himmel und Hölle

Die gesamte Menschheit kann man leicht lieben.
Wenn man nicht lieben kann,
liebt man einfach die gesamte Menschheit!
Kein Problem.
Aber eine einzelne Person zu lieben ist viel schwieriger,
es kann die Hölle sein.
Es kann die Hölle sein,
weil es auch der Himmel sein kann.

Unsichtbare Liebe

Wenn jemand liebt, kann man seine Liebe nicht sehen,
aber man kann die tiefe Zufriedenheit sehen,
die tiefe Befriedigung, die ihn umgibt.
Jede Bewegung, sein ganzes Wesen ist Zufriedenheit.

Geben und Nehmen

Liebe ist keine Quantität, sondern eine Qualität –
und zwar eine Qualität der besonderen Art:
Sie wächst nämlich, indem du sie gibst, und
stirbt, wenn du sie festhält.
Wenn du mit ihr geizt, stirbt sie.
Verschenk sie also mit vollen Händen!
Frag nicht erst groß, wem du deine Liebe schenkst.

Kopf oder Herz

Der Kopf sagt: „Überleg erst, bevor du springst!"
Und das Herz sagt: „Spring, bevor du überlegst."
Ihre Wege gehen diametral auseinander.
Liebe heißt, in eine gefährlich lebendige Situation
hineinspringen – völlig unüberlegt.

Heiß und kalt

Wenn du einen Mann liebst oder wenn du eine Frau liebst, dann ist es dir egal, ob der Tee heiß ist.
Wenn die Liebe heiß ist, ist alles heiß.
Wenn die Liebe abgekühlt ist, fühlt sich alles kalt an.

Verdammt die Sinnlichkeit nicht

Die ganze Welt hat sie verdammt.
Und aufgrund dieser Verdammung geht genau die Energie, die zu Sinnlichkeit hätte aufblühen können, in Perversionen über – Eifersucht, Wut und Hass –, eine vertrocknete Art zu leben, ohne jeden Saft.
Sinnliche Freude ist eine der größten Segnungen des Menschseins. Sie macht eure Empfindsamkeit aus, sie macht euer Bewusstsein aus.
Sie ist euer Bewusstsein – durch den Körper gefiltert.

Der Morgen danach

Es gibt das alte Märchen, in dem ein Frosch sich in einen wunderschönen Prinzen verwandelt. Meiner persönlichen Erfahrung nach passiert aber genau das Gegenteil: Du gehst mit einem gut aussehenden Prinzen ins Bett und am nächsten Morgen wachst du neben einem Frosch auf.

Du

Bevor du mit irgendwem eine Beziehung eingehen kannst, geh zuerst einmal eine Beziehung mit dir selber ein. Sie ist die Grundvoraussetzung. Ohne sie ist nichts möglich. Mit ihr ist nichts unmöglich.

Verstehen hilft nicht

Wie könntest du den anderen je kennen?
Du kannst ihn lieben, und deine Liebe bringt dieses
Wunder zustande: Wenn du den andern liebst,
steigt wie von selber ein großes Verständnis auf.
Nicht, dass du den andern zu verstehen versuchtest:
Du liebst den andern einfach so, wie er oder sie ist,
ohne Beurteilung.

Andacht

Wenn ihr euch körperlich zueinander hingezogen fühlt, ist es Sex. Wenn ihr euch geistig zueinander hingezogen fühlt, ist es Liebe.
Und wenn ihr euch seelisch zueinander hingezogen fühlt, ist es Andacht.
Und Andacht ist die höchste Form.
Sex ist die niedrigste Form.
Verwechselt das Niedrigere nicht mit dem Höheren, sonst geht ihr fehl.

Und wenn ihr euch seelisch zueinander hingezogen fühlt, ist es Andacht.
Und Andacht ist die höchste Form.
Sex ist die niedrigste.

Angekommen

Wenn du deine Frau so siehst, wie sie ist,
wenn du deinen Mann so siehst, wie er ist,
sind die Flitterwochen vorbei.

Erwachsen werden

Der Mensch wird in dem Moment erwachsen,
da er anfängt zu lieben,
anstatt nur nach Liebe zu dürsten.
Er fließt über vor Liebe, er teilt, er gibt.

Vitalität

Sex ist die vitalste Energie, die der Mensch hat,
darf aber kein Selbstzweck sein.
Sex sollte den Menschen zu seiner Seele
hinführen – von der Lust zum Licht.
Das ist das Ziel.

Timing

Ich rate euch dringend nur dann in den Sex zu gehen, wenn ihr fröhlich seid, wenn ihr voller Liebe seid – und eigentlich nur dann, wenn ihr Ehrfurcht empfindet. Nur wenn ihr das Gefühl habt, dass euer Herz voller Freude, Frieden und Dankbarkeit ist, solltet ihr daran denken, miteinander zu schlafen.

Sex oder Liebe

Anfangs glaubt ihr immer euch verliebt zu haben.
Aber es ist gar keine Liebe – sondern nur ein
körperlicher Appetit, ein körperliches Phänomen,
ein chemischer Vorgang.
Mit Liebe hat es nichts zu tun. Liebe ist etwas ganz
anderes. Sie hat nicht unbedingt etwas mit Sex
zu tun. Sex kann ein Teil davon sein – oder auch nicht.

Absichten

Manchmal setzt ihr Liebe ein um bestimmter Absichten willen. Dann dient eure Liebe nur dazu, etwas anderes zu erreichen. Sie ist nie einfach nur Liebe. Ihr mögt hinter Geld her sein, ihr mögt hinter Sex her sein, ihr mögt hinter irgendwas her sein – Egobefriedigung, ein Sieg, das Gefühl Macht zu besitzen. Ihr mögt hinter allem Möglichen her sein, aber es ist niemals Liebe.

Tja, Baby

Ein Mann und eine Frau gehen schon eine Weile miteinander aus. Schließlich willigt sie ein, mit ihm ins Bett zu gehen. Auf dem Weg zu seiner Wohnung kommen sie an einer edlen Boutique vorbei.
Die Frau bleibt stehen und bewundert ein Paar teure italienische Schuhe.
„Keine Sorge, Baby, die kauf ich dir", sagt er.
Dann entdeckt sie ein rotes Pariser Modellkleid.
„Keine Sorge, Baby, das kauf ich dir auch."
Danach fällt ihr ein Nerzmantel ins Auge.
„Keine Sorge, Baby, ich kauf dir den Mantel."
Schließlich kommen sie in der Wohnung an und schlafen miteinander.

Auf dem Rückweg kommen sie wieder an den edlen Boutiquen vorbei.
„Da ist der Mantel, den du mir kaufen willst“, sagt sie.
„Komm schon, lass uns weitergehen“, fährt er sie an.
„Oh, und da ist das Kleid.“
„Komm schon, lass uns weitergehen“, lautet wieder die Antwort. Schließlich sieht sie die Schuhe und zeigt drauf. Wieder antwortet er: „Komm, lass uns gehen.“
Da beginnt sie zu weinen und schluchzt: „Ich verstehe das einfach nicht. Bevor wir uns liebten, hast du mir das alles versprochen, und jetzt, nur zwei Stunden später, hältst du keines deiner Versprechen.“
„Tja, Baby, so ist das nun mal mit mir, wenn ich hart bin, werde ich weich, aber wenn ich weich bin, werde ich hart.“

Achtung

Wenn du mit deiner Frau schläfst, was genau machst du? Benutzt du den Körper der Frau, um überschüssige Energie loszuwerden? Oder achtest du sie, bist du liebevoll zu der Frau, hast du Ehrfurcht vor ihr?
Ich sehe das nicht. Ehemänner achten ihre Frauen nicht, sie benutzen sie. Ehefrauen benutzen ihre Männer, sie achten sie nicht.
Wenn keine Ehrfurcht aus der Liebe erwächst, dann fehlt es irgendwo an Intelligenz. Denn sonst empfindet ihr eine ungeheure Dankbarkeit gegenüber dem anderen und euer Liebesakt wird zu einer großartigen Meditation.

Wenn keine Ehrfurcht aus der Liebe erwächst, dann fehlt es irgendwo an Intelligenz.

Option

Habt Spaß am Sex; werdet euch seiner Heiligkeit bewusst. Nehmt ihn voller Dankbarkeit an und lasst euch immer tiefer davon erfassen.
Ihr werdet euch wundern, dass Sex ein derartig erhabenes Gefühl vermitteln kann.
Der Sex offenbart seine Erhabenheit in gleichem Maße, wie ihr ihn akzeptieren könnt.
Und Sex ist im gleichen Maße lasterhaft und unschön, wie eure Einstellung dazu lasterhaft und achtlos ist.

Full House

Immer wenn zwei Personen sich lieben, sind es in Wirklichkeit vier Personen. In jedem Bett sind vier Personen – ihr könnt verstehen, wie kompliziert es ist. Immer wenn zwei Personen Liebe machen, sind es vier Personen, die Liebe machen – es ist immer Gruppensex! – denn der Mann hat eine Frau in sich und die Frau hat einen Mann in sich.

Mann oh Mann

Biologisch gesehen magst du ein Mann sein –
was einfach nur zeigt, dass du den physischen
Mechanismus eines Mannes hast;
aber tief in deiner Psyche bist du
weder Mann noch Frau, du bist beides.

Gedankenstücke

Wenn du zu jemandem sagst: „Ich liebe dich!“, dann mache dir bewusst, ob es nur ein Gedanke ist oder ein Gefühl. Wenn es nur ein Gedanke ist, dann entgeht dir etwas. Ein Gefühl bezieht alles ein: deinen ganzer Körper, deinen Geist; alles, was du bist, ist davon betroffen. Im Denken ist nur dein Kopf betroffen, und selbst der nicht total, sondern nur teilweise. Nur ein vorüberziehender Gedanke ist da, der vielleicht schon im nächsten Moment nicht mehr da ist. Nur ein Bruchteil ist betroffen, und daraus entsteht viel Elend im Leben – denn aufgrund eines bruchstückhaften Gedankens macht ihr Versprechungen, die ihr nicht halten könnt.

Flitterwochen

Du liebst eine Frau – es bringt große Freude! Aber wenn du sie vierundzwanzig Stunden am Tag liebst und immer nur „Süße, Süße, Süße" nennst, hast du bald Diabetes!
Ein kleiner Streit, eine kleine Kissenschlacht ist sehr wohl nötig – das gibt euch wieder Raum.
Wenn du dich mit deiner Frau streitest, ist es eine Mini-Scheidung; ihr geht auseinander. Einen Moment lang denkst du: „Schluss! Ich will nie wieder was mit dieser Frau zu tun haben. Jetzt reicht's!" Und sie sagt genau das Gleiche. Du entfernst dich, entfernst dich so weit, wie du warst, ehe du dich verliebtest.
Und wenn du so weit weg bist, steigt wieder die

Liebe auf, weil dir die Frau zu fehlen beginnt und du der Frau zu fehlen beginnst. Ihr fangt an, euch wieder zu nähern. Und wenn ihr euch wieder näher gekommen seid – erneut Mini-Flitterwochen! Und auf die Art läuft das: Am Morgen streitet ihr euch, am Abend seid ihr zusammen; nachts streitet ihr euch, morgens seid ihr wieder zusammen.

Scheinbar

Wohin man schaut auf der Welt – alles schmachtet nach Sex, alles ist lüstern auf Sex. Das liegt nicht etwa daran, dass die Welt sexueller geworden wäre, sondern daran, dass ihr nicht einmal mehr den Sex als totalen Akt genießen könnt. Früher war die Welt sexueller.

Darum gab es dieses Schmachten nach Sex damals noch nicht. Dieses Schmachten zeigt, dass das Echte fehlt und nur das Unechte da ist.

Das gesamte moderne Denken hat sich nur deswegen sexualisiert, weil es den Sexakt an sich nicht mehr gibt.

Selbst der Sexakt ist in den Kopf verlagert worden.

Er ist mental geworden: Ihr denkt darüber nach!

Mensch

Pfeift auf diese Vorstellung, Mann und Frau zu sein!
Wir sind allesamt Menschen.
Ein Mann zu sein oder eine Frau,
das ist etwas sehr Oberflächliches.
Macht nicht so viel Wind darum.
Das ist nichts sonderlich Wichtiges;
macht kein großes Ding daraus.

Abgrund

Je tiefer die Liebe geht, desto stärker wird die Angst, verrückt zu werden oder sterben zu müssen, die Angst vor dem Unbekannten, vor dem, was geschehen kann. Der Abgrund öffnet seinen Schlund, die ganze Schöpfung gähnt einem entgegen, und plötzlich stehst du davor und siehst, dass du da hineinfallen kannst. Also haben die Leute Angst vor der Liebe und geben sich lieber mit Sex zufrieden, und nennen dann ihren Sex Liebe. Liebe ist nicht Sex. Sex kann in der Liebe vorkommen, er kann dazugehören, wesentlich dazugehören, aber Sex an sich ist nicht Liebe – er ist Liebesersatz. Ihr versucht, die Liebe durch den Sex zu vermeiden.

Das Ego drängt

Je ausgeprägter das Ego, das Ichgefühl,
desto schwieriger ist es, mit einem anderen
Menschen zu verschmelzen.
Das Ego drängt sich dazwischen wie eine Wand.
Es sagt grundsätzlich: „Du bist du und ich bin ich."
Und so bringen selbst die intimsten Beziehungen die
Leute einander nicht näher.
Zwei Körper mögen einander nahe sein,
aber die Menschen sind weit voneinander entfernt.

Kuhhandel

Ein Mann hält mit seinem Auto mitten im Wald an und beginnt, sich eingehend mit seiner Beifahrerin zu beschäftigen.
Bis die Frau sagt: „Halt! Du bist an die Falsche geraten, ich bin Prostituierte, das kostet fünfzig Euro."
Der Mann gibt ihr die fünfzig Euro und hat Sex mit ihr.
Als es vorbei ist, bleibt er reglos am Steuer sitzen.
„Worauf warten wir? Es ist schon spät, ich muss zurück in die Stadt!", sagt die Frau
Er: „Tut mir leid, aber ich bin Taxifahrer.
Das kostet fünfzig Euro."

Genau das geschieht auch in euren Liebesbeziehungen:

Die eine ist Prostituierte und der andere ist Taxifahrer.

Es ist ein Kuhhandel, eine Hand wäscht die andere.

Verwirrung

Wenn du zu jemandem sagst: „Ich liebe dich“, hast du je darüber nachgedacht, was du damit meinst? Ist es nur eine biologische Vernarrtheit ins andere Geschlecht? Denn sobald du deine tierischen Gelüste befriedigt hast, verschwindet die ganze so genannte Liebe. Es war bloß ein Hunger.
Du hast deinen Hunger befriedigt und nun bist du satt. Die gleiche Frau, die dir als schönste der Welt erschien, der gleiche Mann, der dir wie Alexander der Große vorkam … jetzt überlegst du, wie du sie am besten los wirst.

Feindesland

Alle Männer haben Angst vor Frauen
und alle Frauen haben Angst vor Männern.
Sie haben allen Grund sich gegenseitig zu misstrauen,
denn von klein an sind sie dazu erzogen worden,
Feinde füreinander zu sein.
Sie werden nicht als Feinde geboren, sondern zu Feinden
gemacht. Und nachdem sie gut zwanzig Jahre lang dazu
erzogen worden sind, Angst voreinander zu haben, sollen
sie eines Tages heiraten und einander total vertrauen.

Liebe oder Ego

Liebe ist immer froh und glücklich
etwas geben zu können; das Ego ist immer froh,
wenn es etwas nehmen kann.
Liebe ist glücklich jemandem eine Freude zu machen;
das Ego freut sich immer,
wenn es jemandem das Leben schwer machen kann.

Ein Muss

Die Menschen müssen lieben.
Liebe ist ein großes Bedürfnis,
genau wie Nahrung ein Bedürfnis ist.
Nahrung ist ein niedrigeres Bedürfnis,
Liebe ist ein höheres Bedürfnis,
ein viel höherrangiger Wert.

Essenz

Liebe steckt im Inneren eines jeden Menschen.
Liebe bekommt man nicht von außen.
Sie ist nicht eine Ware, die auf dem Markt
erworben werden kann.
Sie ist schon da, als die Essenz des Lebens.
Sie ist in jedem Menschen vorhanden.
Man muss sich nicht auf die Suche nach Liebe
machen, sich nicht aktiv um Liebe bemühen,
man kann nicht durch gezielte Schritte an
Liebe herankommen.

Tabu

Kein Mensch will sich mit Sex beschäftigen,
und dabei ist es jedermanns Problem.
Keiner will sich mit der Liebe beschäftigen,
weil jeder sich ohnehin schon für eine große
liebende Seele hält.

Plastikblumen

Plastikblumen sind dauerhaft –
Plastikliebe ist genauso dauerhaft.
Die echte Blüte ist nicht unverwüstlich,
sie verändert sich von Augenblick zu Augenblick.
Heute ist sie da, tanzend im Wind und in der Sonne
und im Regen. Morgen wirst du sie nicht mehr finden
können – sie ist verschwunden, so geheimnisvoll wie
sie erschienen war.
Wahre Liebe ist wie eine echte Blume.

Freiheit

Ohne Liebe besteht keine Möglichkeit
der Befreiung vom Ich,
ohne Liebe gibt es keine Freiheit.

Wechselbäder

Das Gemüt ist sehr wechselhaft, und so ließen Gesellschaften, denen es um die Stabilisierung des Familienlebens ging, keine Ehen auf psychologischer Ebene zu und taten alles, um die Ehe auf der physischen Ebene zu halten. Sie sagten: „Heiratet – aber nicht aus Liebe. Wenn aus der Heirat Liebe erwächst, wunderbar. Wenn nicht, mag alles so bleiben, wie es ist." Auf der körperlichen Ebene ist Stabilität möglich, aber auf der psychologischen Ebene wird sie sehr schwierig. Das sexuelle Erleben auf der Gefühlsebene ist tiefer und subtiler als auf der körperlichen, und so ist die Erfahrung des Westens in dieser Hinsicht tiefer gegangen als die des Ostens.

Die Psychologen des Westens von Freud bis Jung haben sich in Büchern über diese zweite Ebene des Sex, der psychologischen Ebene, ausgelassen. Aber der Sex, von dem ich spreche, gehört der dritten Ebene an, die bis heute weder im Osten noch im Westen verstanden worden ist.

Diese dritte Ebene des sexuellen Akts ist die spirituelle Ebene. Weil der Körper träge ist, gibt es auf der physischen Ebene eine Art von Beständigkeit. Auf der dritten Ebene gibt es wiederum eine Art von Beständigkeit, da es auch auf dieser Ebene keine Veränderung gibt: Alles ist dort still – dort herrscht Ewigkeit.

Und zwischen diesen beiden stabilen Ebenen existiert die psychologische Ebene. Sie ist labil, wie das Gedächtnis.

Realität und Fiktion

Es gibt Menschen, die ihre Liebeskrankheit ungeheuer genießen. Sie weinen, schluchzen, warten, fantasieren, schwärmen, lesen und schreiben Liebesgedichte, malen, musizieren – alles Ersatzhandlungen.
Die reale Frau ist gefährlich.
Die reale Frau sieht nur von weitem romantisch aus.
Wenn du näher kommst, siehst du die wirkliche Frau.
Sie ist keine Fee und keine Fiktion. Man muss auf ihre Wirklichkeit gefasst sein. Und wenn eine Frau dir nahe kommt, dann ist sie nicht nur real, sie holt dich auch von deinem Elfenbeinturm herunter auf die Erde.

Das Blaue vom Himmel

Dein Mann mag das Blaue vom Himmel herunter erzählen, er mag Blumen mitgebracht haben und er mag beteuern: „Ich liebe dich!", aber seine Berührung wird zeigen, dass er nicht da ist.
Frauen fühlen instinktiv, ob man bei ihnen ist oder nicht bei ihnen ist. Es ist schwer, sie zu täuschen, außer du bist ein Meister. Solange du noch nicht ein Herr deiner selbst bist, kannst du sie nicht täuschen. Aber ein Meister würde kein Ehemann werden wollen – da liegt die Schwierigkeit.

Nur du allein

Eine Frau will einen Mann, den schönsten, den
mächtigsten Mann der Welt, aber hätte auch gern,
dass er sich stets nur für sie interessiert.
Nun, das ist ein unmöglicher Anspruch.
Der Schönste und Mächtigste interessiert sich
zwangsläufig für viele andere Leute. Und viele
Leute werden sich für ihn interessieren.
Der Mann hätte gern die schönste Frau auf der Welt,
aber möchte auch, dass sie ihm immer sehr treu und
ergeben bleibt. Das wird schwierig sein,
da verlangt er Unmögliches.

Fantasien

Wenn du ein paar Tage mit deinem ‚schönen' Mann oder deiner ‚schönen' Frau zusammengelebt hast, brechen alle Fantasien zusammen. Plötzlich fallen dir die Schuppen von den Augen, als hätte dir die Frau verheimlicht, dass sie ganz gewöhnlich aussieht. Und für dich war sie eine Venus, für dich war er ein Romeo – aber jetzt plötzlich, nach ein paar Tagen, sind diese Träume verflogen und die Frau oder der Mann ist auf einmal ganz gewöhnlich; du fühlst dich angeödet und schiebst die Schuld auf den anderen; er hat dich betrogen. Niemand hat dich getäuscht und nichts ist von dem Mann oder der Frau abgefallen; gefallen ist nur der Schleier deiner Fantasie.

Luxus

Einsamkeit kann keine Liebe erzeugen.
Sie erzeugt Bedürfnisse. Liebe ist kein Bedürfnis.
Was ist Liebe aber dann?
Liebe ist ein Luxus. Sie kommt aus dem Alleinsein,
sie kommt, wenn du ungeheuer allein und glücklich bist,
wenn du dich freust und feierst und wenn sich immer
mehr Energie in dir ansammelt.
Du brauchst niemanden. In dem Moment ist die
Energie so groß, dass du sie teilen möchtest –
dann gibst du. Du gibst, weil du so viel hast; du gibst,
ohne etwas dafür bekommen zu wollen – das ist Liebe.

Überfluss

In ihrem natürlichen Zustand steigt die sexuelle Energie immer höher und höher, sie zieht dich nach oben und nicht nach unten. In ihrem natürlichen Zustand wird die sexuelle Energie zur Goldenen Blüte in dir. Im angeblich normalen, pervertierten Zustand wirft sie euch einfach nur in neue Gefängnisse, denn sie fließt nach außen und unten. Sie schwächt euch, sie bringt euch nur näher und näher zum Tod. Wenn dieselbe Energie anfängt nach oben zu fließen, bringt sie euch neues Leben, Leben im Überfluss.
Sie wird zum Lebenselixier.

Hingabe

Hingabe gilt niemals dem anderen.
Wenn zwei Menschen sich ineinander verlieben,
dann geben sie sich beide der Liebe hin, dann unterwirft niemand sich dem anderen.
Wenn der andere Anstrengungen macht,
dass du dich ihm unterwerfen sollst, dann geh ihm aus dem Weg – dann ist es keine Liebe.
Liebe fordert nie Unterwerfung.
Die Hingabe geschieht in der Liebe ganz natürlich,
sie braucht nicht gefordert zu werden.
Wenn der Mann verlangt, dass du dich ihm unterwirfst,
liebt er dich nicht. Lass dich nicht in eine so lieblose Sache verstricken. Er hasst dich, warum sollte er sonst

Unterwerfung verlangen? Er will dich besitzen,
er will dich zu einem Ding abwerten.
Er will dich benutzen, ausbeuten.
Er sieht dich nur als Körper, als Mechanismus.
Er achtet dich nicht als Person, als Präsenz.
Das ist demütigend, das ist keine Liebe.
Geh dem aus dem Weg.
Aber Hingabe geschieht, wenn es Liebe ist.
Und keiner fordert es und keiner unterwirft sich
dem anderen – weder der Mann der Frau noch
die Frau dem Mann.
Beide ergeben sich dem Gott der Liebe.

Ekstase

Ein Mann und eine Frau, denen es gelingt,
sich auf spiritueller Ebene zu vereinigen –
und sei es auch nur ein einziges Mal –,
haben das Gefühl, selbst für viele kommende Leben
zutiefst miteinander verbunden zu sein.
Ein tiefes Fließen setzt ein.
Reine Ekstase und Zeitlosigkeit sind die Mitgift.
Der Sex, von dem ich rede, ist spiritueller Sex,
die Erfahrung des Göttlichen.

Der Sex, von dem ich rede,
ist spiritueller Sex,
die Erfahrung des Göttlichen.

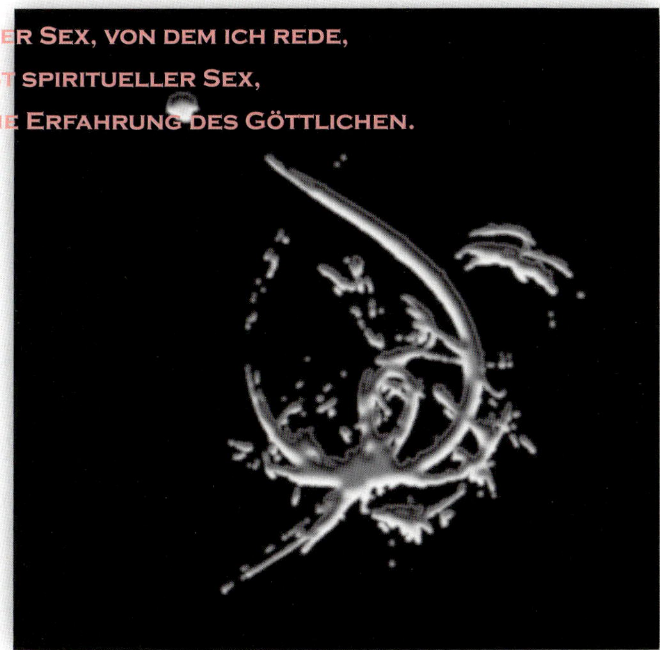

Heitere Momente

Ist euch noch nie aufgefallen, dass euch eine große Welle
der Zufriedenheit, eine große, freudige Erregung
durchflutet, wenn ihr irgendjemandem
auch nur ein bisschen Liebe gezeigt habt?
Habt ihr nie bemerkt, dass die heitersten Momente
der Zufriedenheit immer in Momenten
der bedingungslosen Liebe eintraten?
Reine Liebe kann nur überleben,
wenn sie nicht durch Bedingungen verwässert wird.

Ego

Ich habe mich immer gewundert, dass Leute zu mir kommen und sagen, sie hätten Angst vor der Liebe.
Was ist die Angst vor der Liebe?
Sie ist da, weil dir dein Ego zu entgleiten und zu schmelzen beginnt, wenn du jemanden wirklich liebst.
Mit dem Ego kannst du nicht lieben;
das Ego wird zum Hindernis.
Und wenn du das Hindernis fallen lassen willst,
sagt das Ego: „Dies führt in den Tod. Gib Acht!"

Liebesspiele

Das Spiel „Liebe“ ist nicht wirkliche Liebe, es ist
unecht… und Millionen von Menschen fahren fort,
unaufrichtig zu sein – weil sie Angst vor dem Tod haben.
Deshalb haben sie auch Angst vor der Liebe.
Aber Liebe bringt immer den Tod mit sich.
Liebe ist eine Tür für den Tod
und der Tod ist eine Tür für die Liebe.

Verliere dich!

Stirb, stirb ganz und gar!
Gib dich auf! Verliere dich!
Es ist nicht nötig, dich gegen die Liebe zu schützen,
denn die Liebe ist kein Feind.
Die Liebe ist der einzige Freund. Schütze dich nicht!
Versteck dich nicht vor der Liebe!
Hab keine Angst vor der Liebe!
Wenn die Liebe dich ruft, dann geh mit ihr.
Ganz gleich, wo sie dich hinführt, geh mit ihr,
geh voller Vertrauen!

Der erste Blick

Den ersten Blick auf Meditation erlangt man in der Liebe. Und dann entsteht ein großes Verlangen, mehr als nur einen Blick darauf zu werfen und diesen Zustand kennen zu lernen, sodass man für immer und ewig darin verweilen kann.
Liebe gibt einen Vorgeschmack auf Meditation.

LIEBE GIBT EINEN VORGESCHMACK AUF MEDITATION.

Symptome

Probleme von Eifersucht oder Besitzwut sind im Grunde gar keine Probleme, sondern Symptome – Symptome dafür, dass du noch gar nicht weißt, was Liebe heißt. Wir gehen immer davon aus, dass wir wüssten, was Liebe heißt, und aus blauem Himmel tauchte das Problem der Eifersucht auf. Das stimmt aber nicht.

Das Problem rührt daher, dass überhaupt noch gar keine Liebe da ist; es zeigt nur, dass die Liebe noch gar nicht eingesetzt hat; es beweist einfach nur das Fehlen von Liebe. Also kannst du es auch nicht lösen.
Dabei tut nur eines Not: dir die Eifersucht aus dem Kopf

zu schlagen; denn das ist ein negativer Kampf, ein Kampf mit Schatten. Er bringt nichts.
Zünde lieber eine Kerze an. Nichts anderes heißt Liebe.
Sobald die Liebe zu strömen beginnt, haben Eifersucht oder Besitzwut und dergleichen einfach keine Existenz mehr. Du fragst dich einfach verwundert, wo sie geblieben sind – sie sind spurlos verschwunden!
Das ist genauso, wie wenn du eine Kerze anzündest und mit ihr das ganze Zimmer nach der Dunkelheit absuchst, sie aber nirgendwo finden kannst.
Dabei hast du extra Licht gemacht, aber sie ist nicht zu finden. Sie ist deshalb nicht mit Licht zu finden, weil sie dann gar nicht mehr da ist.
Sie war nur die Abwesenheit von Licht.
Eifersucht ist die Abwesenheit von Liebe.

Misstrauen

Was ist das für eine Liebe, die ständig misstrauisch ist,
die ständig Angst hat vor Eifersucht?
Wenn deine Frau sieht, wie du dich lachend mit einer
anderen unterhältst, genügt das schon, um dir die ganze
Nacht zu vermiesen. Du wirst es bereuen!
Der Preis ist zu hoch für ein bisschen Spaß.
Und wenn der Ehemann seine Frau mit einem anderen
sieht und sie fröhlicher und glücklicher aussieht,
dann reicht das schon, um ihr eine Szene zu machen.
Die Menschen sind sich nicht bewusst,
dass sie überhaupt nicht wissen, was Liebe ist.
Liebe ist nie misstrauisch, Liebe ist nie eifersüchtig.
Liebe mischt sich nie in die Freiheit des anderen ein.

Liebe drängt sich dem anderen nie auf.
Liebe gibt Freiheit, und Freiheit ist nur möglich,
wenn genug Raum zwischen euch ist.

Mysterium

Sex lässt sich erklären, Liebe lässt sich nicht erklären. Darum wird Sex zur Ware: Er lässt sich verkaufen, er lässt sich kaufen. Liebe ist keine Ware; du kannst sie nicht verkaufen, du kannst sie nicht kaufen,
es ist ausgeschlossen. Sex lässt sich erklären, weil er Teil der Physiologie ist. Liebe lässt sich nicht erklären – sie ist Teil deines inneren Mysteriums.
Solange deine Sexualität nicht höher steigt und zur Liebe gelangt, ist sie weltlich, hat sie nichts Heiliges an sich. Wenn dein Sex zu Liebe wird, dann betritt er eine vollkommen andere Dimension, die Dimension des Mysteriösen und des Wunderbaren.
Jetzt wird er religiös, heilig, ist er nicht mehr profan.

Wenn dein Sex zu Liebe wird,
dann betritt er eine vollkommen andere
Dimension, die Dimension des
Mysteriösen und des Wunderbaren.

Geschenk

Wenn man jemanden liebt, will man ihm etwas geben.
Geben ist ein Ausdruck von Liebe;
in der Liebe gibt man etwas.
Und das allergrößte Geschenk besteht darin,
von seiner eigenen Lebensenergie zu geben.
In der Liebe wird Sex zu einem tiefen Verschenken
von Bioenergie, von Leben.
Man gibt einen Teil von sich selbst.

Jetzt

Wenn du dich mit einem Freund triffst – begegnet euch! Wer weiß? Vielleicht seht ihr euch nie wieder. Dann wird es dir Leid tun. Dann wird dich diese unerfüllte Vergangenheit verfolgen … dass du ihm noch etwas sagen wolltest, aber es nicht über die Lippen gebracht hast.
Es gibt Menschen, die zu jemandem sagen möchten: „Ich liebe dich!“ Und sie haben jahrelang abgewartet und es niemals gesagt. Und dieser andere mag irgendwann sterben, und dann werden sie weinen und untröstlich sein und sagen: „Ich wollte diesem Menschen doch ‚Ich liebe dich!‘ sagen, und hab es nicht zu sagen vermocht …“

Das Lächeln der Buddhas

Wart ihr schon einmal in Khajuraho? Habt ihr die Skulpturen an den Tempeln gesehen?
Dann müsst ihr dabei zwei Dinge erlebt haben, die eigentlich merkwürdig und zugleich großartig sind.
Das erste ist, dass man die Darstellungen nackter Leiber beim Geschlechtsakt überhaupt nicht als ordinär empfindet; man kann an den Statuen nackter Männer und Frauen beim Liebesakt nichts Hässliches und Anstößiges entdecken.
Und das zweite ist, dass man von einem inneren Frieden erfüllt wird. Man wird von einem Gefühl der Andacht, der Heiligkeit ergriffen. Eure Reaktion wird euch überraschen.

Die Baumeister dieser Tempel waren Mystiker, Seher, die mit der spirituellen Ebene des Sexes bis in ihre tiefsten Tiefen vertraut waren.
Wenn ihr einem Mann in die Augen schaut, der sexbesessen ist, empfindet ihr ihn immer als hässlich, bestialisch, Angst einflößend.
Eine Frau sieht in einem Mann, der sich ihr in Lüsternheit nähert, oft eher einen Feind als einen Freund, selbst wenn sie ihm sonst sehr nahe steht.
In ihren Augen mag er nicht einmal menschlich erscheinen – eher wie eine Ausgeburt der Hölle!
Aber über den Gesichtern der Statuen von Khajuraho liegt ein Hauch vom Lächeln der Buddhas.

Gehe der Liebe nicht aus dem Weg

Gehe durch sie hindurch, mit all ihren Schmerzen. Ja, es tut weh, aber wenn du liebst, macht es dir nichts aus. Tatsächlich machen all diese Schmerzen dich stark. Manchmal tut es wirklich schrecklich weh, furchtbar weh; aber all diese Wunden sind nötig, um dich zu provozieren, herauszufordern, dich weniger verschlafen zu machen. All diese gefährlichen Situationen sind nötig, um dich hellwach zu machen. Die Liebe bereitet der Meditation den Boden, und im Boden der Liebe kann der Same der Meditation aufgehen – und nur im Boden der Liebe. Glück will immer nur teilen. Wahre Liebe ist keine Flucht vor der Einsamkeit.

Wahre Liebe ist ein überquellendes Alleinsein:
Man ist so glücklich mit seinem Alleinsein,
dass man es mit anderen teilen möchte.
Glück will immer nur teilen – es wird dir zu viel:
Du kannst es nicht für dich behalten.
So wie eine Blume ihren Duft nicht für sich behalten
kann – sie muss ihn einfach verströmen.

Liebe ist ein Sichbeziehen

„Beziehung“ bedeutet etwas Fertiges, Abgeschlossenes,
Verschlossenes. Liebe ist nie eine Beziehung;
Liebe ist ein Sichbeziehen. Sie ist immer ein Fluss,
ein Fließen, ohne Ende.
Liebe weiß von keinem Schlusspunkt;
die Flitterwochen beginnen zwar, enden aber nie.
Liebende enden, die Liebe geht weiter.
Sie ist ein Kontinuum. Sie ist ein Verb, kein Substantiv.
Warum aber müssen wir die Schönheit des
Sichbeziehens zu einer Beziehung herabmindern?
Warum haben wir es so eilig?
Weil das Sichbeziehen unsicher ist und die Beziehung
eine Form von Sicherheit.

„Beziehung“ – das hat etwas Sicheres.
Sichbeziehen ist nur eine Begegnung zwischen zwei Fremden, vielleicht nur für eine Nacht, und am Morgen sagen wir uns dann „Auf Wiedersehen“.
Wer will wissen, was morgen ist?

Seelenpartner

Gurdjieff hat immer gesagt, dass es für jeden Mann eine entsprechende Frau gibt, irgendwo auf der Erde, für jede Frau einen entsprechenden Mann, irgendwo auf der Erde. Jeder Einzelne wird mit seinem polaren Gegensatz geboren. Wenn du diesen anderen finden kannst, wird alles augenblicklich harmonieren. Alle Zentren funktionieren bei beiden übereinstimmend – das ist Liebe. Das kommt nur ganz selten vor. Nur sehr selten wird man ein Paar finden, das wirklich zusammenpasst. Unsere Gesellschaft operiert mit solchen Tabus, solchen Hemmungen, dass es praktisch unmöglich ist, den wirklichen Partner, den wirklichen Freund zu finden.

Auf der Suche

Ein Neunzigjähriger lag am Sterben und wurde vom Bruder gefragt: „Sag mir, bevor du stirbst, warum bist du immer unverheiratet geblieben? Gibt es da ein Geheimnis, jemand mit dem du ein Verhältnis hattest?“
Der alte Mann sagte: „Ja, es gibt ein Geheimnis. Ich habe immer nach der vollkommenen Frau gesucht, gesucht und gesucht, und dabei ist mir mein Leben durch die Finger geglitten.“
„Und du hast nie eine getroffen?“
„Einmal fand ich eine.“
„Und?“
„Sie war auf der Suche nach dem vollkommenen Mann.“

Nur Mut

Die Liebe versteht es, ins Unbekannte hineinzugehen.
Liebe versteht es, auf Sicherheiten zu pfeifen.
Liebe versteht es, sich ins Unvertraute hinauszuwagen,
in unbefahrene Gewässer.
Liebe heißt Mut.
Vertraue der Liebe.

Liebe heisst Mut.

Vertraue der Liebe.

Transformation

Nur in der Liebe gibt es keine Konkurrenz, keinen Kampf, keine Gewalt. In der Liebe kannst du nur gewinnen, wenn du dich hingibst. Darum ist die Liebe die einzige nicht-weltliche Sache auf der Welt, die einzige überweltliche Sache. Und wenn du in der Liebe lebst, wirst du leichter zu einem ungeteilten Ganzen, kann sich mehr Energie ansammeln. Und je mehr Energie du hast, desto weniger geht davon in sexuelle Gedanken. Und dann kommt schließlich der Moment, da die Energie an den Punkt gelangt, wo Transformation passiert und die Energie zu Bewusstheit wird. Dann verschwindet der Sex und zurück bleibt nur liebevolle Güte und Mitgefühl.

Werde zu Liebe

Du kannst über Liebe nachdenken,
du kannst die herrlichsten Fantasieflüge von der Liebe
haben, du kannst wunderschöne Träume von der Liebe
haben, aber das wird dir nicht weiterhelfen.
Nur eines hilft weiter – du musst zu Liebe werden.
Liebe muss dein Wesenskern werden.

Preislos

Nur sehr wenige Menschen haben erkannt,
dass die Liebe unsere innere Flamme ist.
Nicht Nahrung hält uns am Leben, sondern Liebe.
Und sie hält uns nicht nur am Leben,
sondern gibt unserem Leben Schönheit, Wahrheit, Stille
– und Millionen anderer Dinge, die keinen Preis haben.

Liebe und Freiheit

Wenn unreife Menschen sich verlieben,
zerstören sie die Freiheit des anderen,
schaffen Abhängigkeit,
sperren ihn ins Gefängnis.
Wenn reife Menschen sich lieben,
helfen sie sich gegenseitig frei zu sein;
sie helfen sich gegenseitig,
alle möglichen Fesseln zu sprengen.
Und wenn Liebe mit Freiheit zusammenfließt,
entsteht Schönheit.
Wenn Liebe mit Abhängigkeit zusammenfließt,
entsteht Hässlichkeit.

24-Stunden-Tag

Wenn du mit einem Menschen – Mann oder Frau – vierundzwanzig Stunden am Tag zusammen bist, lernst du alle seine Fehler kennen; du erfährst alles, was gut ist, aber du erfährst auch alles, was schlecht ist; alles, was schön ist, aber auch alles, was hässlich ist; alles, was dir wie Lichtstrahlen vorkommt, und alles, was wie dunkle Nacht ist. Du lernst den ganzen Menschen kennen. Die Liebe ist stark genug, den anderen mit all den Fehlern, Beschränkungen und Gebrechen zu lieben, die dem Menschen nun einmal eigen sind.

Individuation

Der Osten ist dem Weg der Bewusstheit gefolgt –
und hat Schlagseite bekommen.
Der Westen ist dem Weg der Liebe gefolgt –
und hat Schlagseite bekommen.
Ich lehre euch beides:
Eine liebende Bewusstheit und eine bewusste Liebe.
Und damit werdet ihr aus einem Guss werden,
damit werdet ihr zur Individuation gelangen.

Bewegung

Liebe kann nicht statisch bleiben –
das ist der Punkt, den man verstehen muss.
Liebe kann nicht in einem statischen Zustand
verharren – entweder sie fällt nach unten oder sie
geht nach oben, aber sie bewegt sich.

Liebe kann nicht in einem statischen Zustand verharren – entweder sie fällt nach unten oder sie geht nach oben, aber sie bewegt sich!

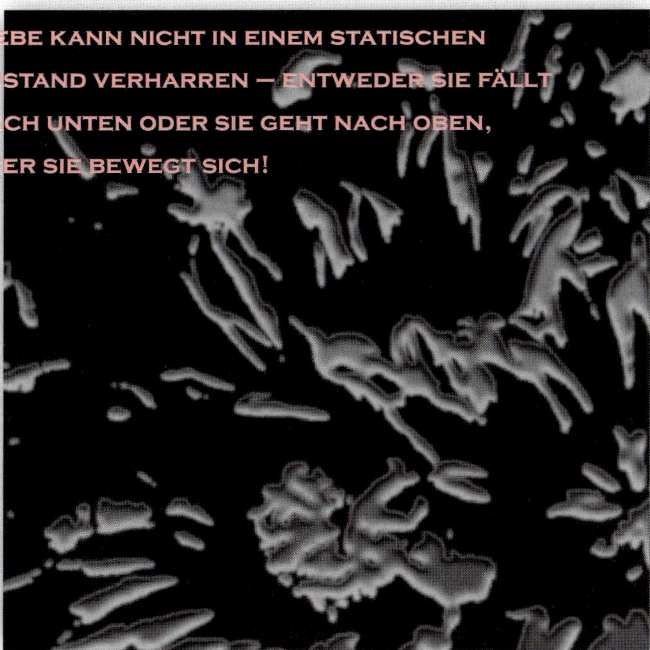

Das innere Bild

Tantra sagt: Du trägst das Bild einer Frau in dir,
du trägst das Bild eines Mannes in dir. Jeder Mann hat
eine Frau in sich und jede Frau hat einen Mann in sich.
Sobald jemand deinem inneren Bild entspricht,
verliebst du dich – das versteht man unter Liebe.
Ihr versteht es nicht. Ihr zieht ratlos die Schultern
hoch und sagt: „Es ist eben einfach passiert."
Aber es gibt da einen ganz subtilen Mechanismus.
Warum passierte es gerade mit dieser Frau,
warum nicht mit einer anderen?
Weil das Bild in dir nur auf diese eine Frau passt,
deshalb. Die äußere Frau entspricht irgendwie dem Bild
deiner inneren Frau.

Irgendetwas passt da zusammen und du fühlst,
„Das ist meine Frau“ oder „Das ist mein Mann“.
Dieses Gefühl ist das, was man unter Liebe versteht.

Engagement

Merkt euch: Wenn ihr euch verliebt, weicht dem Engagement nicht aus, seid füreinander da.
Geht total in eure Liebe hinein. Bleibt nicht am Rande stehen, stets bereit die Flucht zu ergreifen, sobald die Dinge zu schwierig werden. Und Liebe ist auch ein Opfer. Du musst vieles opfern… dein Ego.
Du musst deinen Ehrgeiz opfern, du musst deine Privatsphäre opfern, du musst deine Geheimnisse opfern; du musst viele Dinge opfern.
Nur romantisch verliebt zu sein, dazu gehört kein Opfer.
Aber wo kein Opfer ist, ist auch kein Wachstum.
Liebe wandelt dich praktisch vollkommen um.
Es ist eine Neugeburt: Du bist nicht mehr derselbe

Mensch, der du warst, bevor du dich in diese Frau oder in diesen Mann verliebt hast. Du bist durchs Feuer gegangen, du bist geläutert. Aber dazu gehört Mut.

Wissen

Ihr benutzt das Wort „Liebe“ immer und immer wieder. Ihr benutzt es so oft, dass ihr die Tatsache vergesst, dass ihr gar nicht wisst, was Liebe ist. Das ist eine der Gefahren, wenn man lauter so schöne Worte benutzt: Gott, Liebe, *nirvana*, Gebet – schöne Worte. Ihr benutzt sie immerzu, ihr wiederholt sie immerzu, und nach und nach gibt euch die Wiederholung das Gefühl, dass ihr wisst, wovon ihr redet.

Wetterlagen

Zwei Menschen zusammen – zusammen in allen
Wetterlagen, Tag und Nacht, Sommer wie Winter,
in allen Stimmungen – wachsen.
Der Baum braucht alle Wetterlagen und alle
Jahreszeiten. Ja, er braucht den brennend heißen
Sommer und er braucht den eiskalten Winter.
Er braucht das Tageslicht, die Flut des Sonnenscheins,
und er braucht die Stille der Nacht, sodass er sich in sich
zurückziehen und tief in den Schlaf versinken kann.
Er braucht stille, fröhliche, heitere Tage;
er braucht auch düstere, bewölkte Tage.
Er wächst durch all diese Dialektik.

Segnung

Die Menschen wollen Liebe, aber sie wollen nicht
vorbereitet werden für all das Dreschen, für das Feuer,
durch das sie hindurchgehen müssen.
Sie denken, Liebe sei nur Lust. Das ist sie nicht.
Die Liebe ist viel mehr: Sie ist Seligkeit,
sie ist die höchste Segnung.
Aber ihr werdet die Angst aufgeben müssen.
Ein Mensch, der voll Angst ist, wird nie den süßen
Geschmack der Liebe kennen lernen.

Ein Mensch, der voll Angst ist,
wird nie den vollen Geschmack der Liebe
kennen lernen.

Vertrauen

Entspannt euch und vertraut der Liebe.
Und erlaubt der Liebe, euch mitzunehmen.
So wie jeder Fluss ins Meer fließt,
so mündet jeder kleine Bach der Liebe,
die in eurem Herzen entspringt, im Universalen,
im Höchsten, in Gott.

Nur das ...

Die Liebe ist die einzige Erfahrung,
durch die ihr bescheiden werdet, schlicht, unschuldig.

Seid frei in eurer Liebe

Begegnet euch in Freiheit, und wenn es keine Freiheit mehr gibt, dann nehmt das als Zeichen dafür, dass die Liebe verschwunden ist. Denn Liebe kann Freiheit nicht zerstören. Liebe und Freiheit sind zweierlei Namen für dasselbe Phänomen. Die Liebe kann die Freiheit nicht zerstören. Wenn die Freiheit zerstört wird, dann ist etwas anderes da, was sich als Liebe ausgibt – Eifersucht, Hass, Macht, Sicherheit, Schutz, Prestige, gesellschaftliches Ansehen: irgendetwas anderes hat sich eingeschlichen. Bevor es sich breit macht und euch verdirbt und allzu sehr vergiftet – macht, dass ihr fortkommt.

Sein

Liebe ist eine spirituelle Erfahrung.
Sie hat nichts mit dem Geschlecht zu tun,
sie hat nichts mit dem Körper zu tun –
nur mit deinem innersten Sein.

Liebe ist Gott

Wenn Gott Liebe ist, bedeutet es, dass Liebe nur eine der Eigenschaften Gottes ist. Er kann noch viele andere Eigenschaften haben: Er kann weise sein, er kann gerecht und fair sein. Er kann Vergebung sein.

Aber wenn man sagt: »Liebe ist Gott«, ist es eine völlig andere Aussage. Dann wird Gott selbst zu einer Eigenschaft all jener, die wissen, wie man liebt.

Stille und Zufriedenheit

Nichts hilft euch höher zu steigen als die Liebe.
Nichts kann euch so sehr helfen höher zu steigen als die
Liebe - denn dann stellt sich eine solche Stille ein,
eine solche Ruhe, solche Zufriedenheit,
dass man das Gefühl hat angekommen zu sein.
Man fühlt sich dankbar, man fühlt sich daheim in der
Existenz. Man ist kein Fremder mehr.

Sich selbst erkennen

Ohne Liebe kein spirituelles Wachstum. Und überdies wirkt die Liebe als Spiegel. Es ist sehr schwierig, dich selbst zu erkennen, solange du dein Gesicht nicht in den Augen von jemandem gesehen hast, der dich liebt. Genau wie du in den Spiegel schauen musst, um dein physisches Gesicht zu sehen, so musst du in den Spiegel der Liebe schauen, um dein spirituelles Gesicht zu sehen.

Die Liebe ist ein spiritueller Spiegel: Sie nährt dich, sie macht dich aus einem Guss, sie macht dich fit für die innere Reise, sie gemahnt dich an dein ursprüngliches Gesicht.

In Augenblicken tiefer Liebe erhaschst du einen Blick
auf dein ursprüngliches Gesicht,
auch wenn dieser Blick nur eine Spiegelung ist.
Genau wie man in einer Vollmondnacht den Mond
sich im See widerspiegeln sieht, im reglosen See,
so wirkt die Liebe wie dieser See.

Sein

Die Liebe macht dich wirklich; ohne sie bleibst du nur
eine Fantasie, ein Traum, ganz ohne Substanz.
Die Liebe gibt dir Substanz, die Liebe gibt dir Integrität,
die Liebe führt dich in deine Mitte.
Aber das ist nur die eine Hälfte der Reise;
die andere Hälfte muss in Meditation,
in Bewusstheit vollendet werden.
Aber die Liebe bereitet dich auf die andere Hälfte vor.
Die Liebe ist die Anfangshälfte, und die Bewusstheit ist
die Endhälfte. Mit diesen beiden gelangst du zu Gott.
Zwischen Liebe und Bewusstheit, zwischen diesen
beiden Ufern fließt der Fluss des Seins.

Adieu

Die Leute verstehen nicht zu lieben,
und dann bringen sie es auch nicht fertig,
Adieu zu sagen, wenn der Augenblick dafür da ist.

Große Reden

Alle behaupten, dass sie lieben – Mütter, Ehefrauen,
Söhne, Brüder, Schwestern, Freunde – alle sagen,
dass sie lieben. Aber nur ein einziger Blick auf unser
Leben als Ganzes macht uns deutlich,
dass die Liebe nirgends sichtbar wird.
Wenn so viele Leute von Liebe zueinander erfüllt sind,
müsste die Atmosphäre eigentlich voll davon sein,
müsste die Erde ein Garten voller Blumen und immer
mehr Blumen der Lebensfreude sein.
Wenn dieses Licht der Liebe in jedem Haus brennen
würde, was für ein Lichtermeer wäre dann diese Welt!

Niemandsland

Liebe macht dich zu einem Niemand,
Liebe nimmt dir den Boden unter den Füßen weg,
Liebe macht dein Ego völlig zunichte.
Sie vernichtet, tötet dich vollends und sie schenkt
dir ein neues Leben, ein Leben ohne Ego;
ein Leben in Demut, ein einfaches Leben,
durch das Gott wirken kann.

Göttlich lebendig

Gib dich deiner Frau hin, und sie wird göttlich.
Gib dich deinem Mann hin, und er wird göttlich.
Die Göttlichkeit aller Dinge wird durch Hingabe
offenbart. Gib dich einem Stein hin,
und der Stein ist kein Stein mehr,
sondern ein Gegenstand mit einer Seele,
etwas Lebendiges.

Ewig – von Tag zu Tag

Liebe ist etwas Ewiges, ein Teil der Ewigkeit.
Wenn man die Kunst der Liebe versteht und
die Realität des Lebens akzeptiert,
dann wird die Liebe von Tag zu Tag zunehmen.

Das Ganze liebt

Und wenn du mit dem Ganzen eins werden willst,
musst du lieben.
Gleichgültigkeit ist langsamer Selbstmord.
Lebe in tiefer Liebe.
So tief, dass du ganz und gar in deiner Liebe aufgehst,
dass du zu reiner, kreativer Energie wirst.
Nur dann hast du an Gott teil,
gehst du mit ihm Hand in Hand.

Lebe in tiefer Liebe.

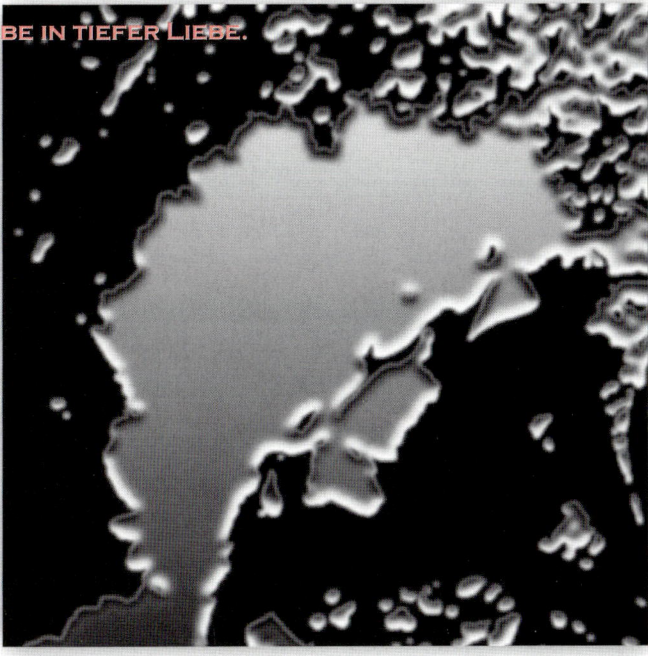

Flieg!

Liebe ist die Ausstrahlung eines stillen,
friedvollen, meditativen Herzens.
Liebe hat nichts mit Biologie,
Chemie und Hormonen zu tun.
Liebe ist der Flug deines Bewusstseins
zu höheren Sphären,
jenseits von Materie und Körper.

Hier und Jetzt

Ein liebesorientierter Mensch ist ein religiöser Mensch.
Er hat keine Angst vor der Zukunft,
er fürchtet sich nicht vor Konsequenzen.
Er liebt im Hier und Jetzt.

Seltenes Erblühen

Liebe ist ein seltenes Erblühen.
Manchmal geschieht es.
Es ist selten, weil es nur geschehen kann,
wenn keine Angst da ist – niemals vorher.
Das bedeutet, dass Liebe nur einem zutiefst spirituellen,
religiösen Menschen geschehen kann.

Finale

Liebt die Menschen,
wenn ihr etwas von Gott wissen wollt.

OSHO

Oshos Lehren widerstehen jeglicher Kategorisierung, sie gehen von der persönlichen Sinnsuche bis hin zu sozialen und politischen Fragen, mit der die Welt heute konfrontiert ist. Seine Bücher sind aus zahllosen Tonband- und Videoaufnahmen transkribiert. Er hat über einen Zeitraum von 35 Jahren vor einer internationalen Zuhörerschaft stets aus dem Stegreif gesprochen. Wie ein roter Faden zieht sich durch alle Aspekte von Oshos Arbeit die Vision einer Verschmelzung der zeitlosen Weisheit des Ostens mit den höchsten Potenzialen westlicher Wissenschaft. Vor allem seine revolutionären Neuansätze zur Wissenschaft der inneren Transformation haben Osho berühmt gemacht. Sein Verständnis von Meditation wird dem rasanten Tempo einer modernen Lebensweise gerecht.

Das International Osho Meditation Resort

Etwa 100 km südöstlich von Mumbai im indischen Pune gelegen, hat dieses Resort ein reichhaltiges Programm zu bieten; Tausende von Menschen aus mehr als hundert Ländern weltweit besuchen den Platz Jahr für Jahr.

Das Programm gründet auf Oshos Vision eines neuen Menschen, der nicht nur sein Alltagsleben schöpferisch zu gestalten vermag, sondern auch Zugang zu Stille und Meditation findet. Angeboten werden u.a. Einzelsitzungen, Kurse und Workshops – von den bildenden Künsten bis hin zu ganzheitlichen Heilmethoden, von persönlicher Transformation bis hin zu Therapie, esoterischer Wissenschaft, Sport- und

Fitnessprogrammen mit „Zen"-Akzent, Beziehungsthemen und Angebote für Menschen, die in grundlegenden Veränderungsphasen ihres Lebens sind.

www.osho.com/resort